BEI GRIN MACHT SICH IHR WISSEN BEZAHLT

- Wir veröffentlichen Ihre Hausarbeit,
  Bachelor- und Masterarbeit

- Ihr eigenes eBook und Buch -
  weltweit in allen wichtigen Shops

- Verdienen Sie an jedem Verkauf

Jetzt bei www.GRIN.com hochladen und kostenlos publizieren

Controlling und PDCA-Zyklus. Grundelemente des Controllings, Kennzahlensysteme, Vergleich beider Qualitätssicherungsoptionen

Gina Gorenz

Bibliografische Information der Deutschen Nationalbibliothek:

Die Deutsche Nationalbibliothek verzeichnet diese Publikation in der Deutschen Nationalbibliografie; detaillierte bibliografische Daten sind im Internet über http://dnb.d-nb.de abrufbar.

ISBN: 9783346889355
Dieses Buch ist auch als E-Book erhältlich.

© GRIN Publishing GmbH
Trappentreustraße 1
80339 München

Druck und Bindung: Books on Demand GmbH, Norderstedt Germany
Gedruckt auf säurefreiem Papier aus verantwortungsvollen Quellen

Das vorliegende Werk wurde sorgfältig erarbeitet. Dennoch übernehmen Autoren und Verlag für die Richtigkeit von Angaben, Hinweisen, Links und Ratschlägen sowie eventuelle Druckfehler keine Haftung.

Das Buch bei GRIN: https://www.grin.com/document/1363666

Einsendeaufgabe

Alternative A – Sonderprüfung

Abgegeben am: 23. August 2020 im E-Campus der Hochschule

SRH Fernhochschule

Modul: Leistungsmanagement

Studiengang: Wirtschaftspsychologie B. Sc.

von

Gina Gorenz

Inhaltsverzeichnis

Abkürzungsverzeichnis

bspw.	beispielsweise
bzw.	beziehungsweise
DIN EN ISO	Deutsches Institut für Normung, Europäische Norm, International Organization for Standardization
DL	Dienstleistung
etc.	et cetera
IGC	International Group of Controlling
KZS	Kennzahlsysteme
PDCA-Zyklus	Plan, Do, Check, Act - Zyklus
QM	Qualitätsmanagement
RL-System	Rentabilitäts-Liquiditäts-System
sog.	sogenannte
TQM	Total Quality Management
z.B.	zum Beispiel
ZVEI	Zentralverband der Elektrotechnischen Industrie e.V.

Abbildungsverzeichnis

Tabellenverzeichnis

1. Teilaufgabe 1

Obwohl der Begriff des Controllings auf eine über 60-jährige Geschichte zurückblickt und eine zunehmende Wichtigkeit im Bereich des wirtschaftlichen Geschehens aufweist, gibt es keine klare Definition hierzu. Wie in manch anderen Gebieten gibt es auch im Controlling keine einheitliche deutschsprachige Übersetzung, die zweifelsfrei der direkten Tätigkeit des Controllings zugeschrieben werden kann und damit auch die Definition herleitet. Daher ist der Begriff als Arbeitsbegriff aufzufassen und unterliegt individueller Deutung des jeweilig interpretierten Aufgabenschwerpunktes. Es gibt es drei verschiedene Definitionstypen:

1. die *Informationsversorgung* bildet den Kern des Controllings
2. Controlling gilt als *Teilbereich der Unternehmensführung*
3. *Koordination der verschiedenen Teilgebiete* der Unternehmensführung[1]

Allgemein stammt er vom Französischen *'contrerôle/contrôle'* (Nachprüfung, Überwachung) und teilweise auch vom Englischen *'to controll'* (kontrollieren, lenken, prüfen, steuern, überwachen) ab. Die Ausdehnung des Controllings ist vermutlich bedingt durch amerikanischen Einfluss, wobei es auch hier nochmals Unterschiede in der Begriffsauffassung und dem Umfang gibt.[2]

Der Auslöser für den Einsatz von Controllingsystemen innerhalb eines Unternehmens liegt in der vermehrten Unübersichtlichkeit des Managements bedingt durch diverse Einflussfaktoren wie Wirtschaftskrisen, steigender Vielfalt und Dimensionen der Unternehmenstätigkeit und -umfeld sowie zunehmendem Wettbewerb. Damit soll besonders in herausfordernden Zeiten, denen sich ein Unternehmen ab und an stellen muss, gewährleistet werden, dass ein übergeordnetes Führungsunterstützungssystem Informationen gewährleistet, das wiederum für Planung, Kontrolle und Informationsversorgung innerhalb des Unternehmens sorgt. Anders als der Manager, der Entscheidungen trifft, übernimmt der Controller unterstützende Tätigkeiten bzw. trifft Entscheidungsvorbereitungen. Darüber hinaus werden Handlungsalternativen bewertet und das laufende Geschäft stetig überwacht und gesteuert. Die

---

[1] Vgl. *Weber/Schäffer* (2001), S. 26–27.
[2] Vgl. *Preißler* (2020), S. 1–4.

Hauptaufgaben des Controllings lassen sich in vier übergeordnete Bereiche aufspalten: Gewährleistung des Informationsversorgung, Planungs- unterstützung, Kontrolle und Durchführung von Koordinierungsaufgaben.[3] Zusammenfassend beinhaltet die Führungsfunktion des Controllings „[...] Planung, Entscheidung, Aufgabenübertragung und Kontrolle, wodurch das Verhalten der Mitarbeiter in eine bestimmte Richtung gelenkt und ein zielgerichteter Ablauf von Unternehmensprozessen möglich gemacht werden. Planung und Entscheidung gehören zur Willensbildung von Managern, Aufgabenübertragung und Kontrolle zur Willensdurchsetzung."[4] Das Aufgabenfeld eines Controllers ist sehr weitreichend. Von zahlenbasierten Kennzahlen des Rechnungswesens bis hin zu administrativen Büroaufgaben und Lösungsverschlägen bei Problemen.[5] Hierzu äußerte sich bereits im Jahr 1965 Anthony mit den Worten: *„In practice, people with the title of controller have functions that are, a one extreme, little more than bookkeeping and, at the other extreme, de facto general management."*[6]

Controlling ist sowohl aber auch als Managementfunktion und Führungs- konzeption zu interpretieren. Im Bereich der Managementfunktion ist es die Aufgabe des Controllers eine Basis zu schaffen indem ein Controllingsystem, bestehend aus Planungs-, Kontroll- und Informationssystemen, und analoge Prozesse innerhalb des Unternehmens gebildet wird und sich stetig weiterentwickelt. Man bezeichnet das auch als systematischen Unterbau. Darin ist es dann die Aufgabe der Führungskräfte das durch den Controller geschaffene System in Form neuer Denk-, Verhaltens- und Orientierungsansätze, mit dem Ziel möglichst Erfolg versprechender und wirtschaftlicher Effizienz, zu betreiben. Der Controller trägt als interner Unternehmensberater die Verantwortung der fortlaufenden Pflege und Verbesserung der Systeme bzw. Prozesse und gibt beratende Hilfestellung an die Führungskraft, die wiederum die Prozesse und Systeme beherrscht und sie ausführt. Innerhalb des Controllingsystems wird das strategische System vom operativen System unterschieden.[7] Controlling kann als Schnittstelle zwischen der Führungsebene und Controllern eingeordnet

---

[3] Vgl. *Schultz* (2015), S. 3.
[4] *Vanini* et al. (2019), S. 29.
[5] *Schindlbeck* (2012).
[6] *Anthony* (1965), S. 28.
[7] Vgl. *Ebert* et al. (2012), S. 36–37.

werden.[8] Es bedingt eine miteinander gemeinschaftliche Zusammenarbeit aller involvierter Akteure unterschiedlicher Ebenen, um die gesetzten Ziele zu erreichen. Damit ergibt sich zugleich auch die zu verstehende Führungskonzeption des Controllings, da sich sowohl die Führungsebene als auch die ihr hierarchisch unterliegenden Ebenen, an die Vorgaben des Controllings anpassen, um eine Optimierung diverser unternehmerischen Bereiche zu generieren.[9]

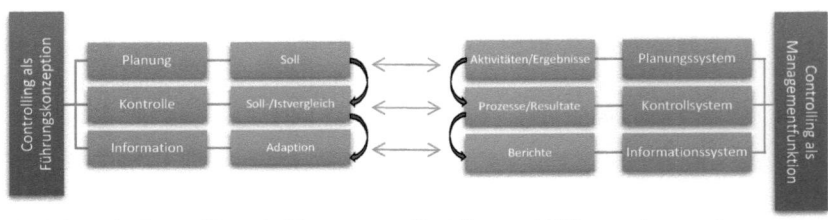

Abbildung 1: Controlling als Managementfunktion und Führungskonzeption
(Quelle: Eigene Darstellung in Anlehnung an Ebert et al. (2012), S. 38)

2. Teilaufgabe 2

Das Planen, Kontrollieren und Informieren sind als Grundelemente des Controllings anzusehen. Einzeln betrachtet bieten die Teilfunktionen keine neue Erkenntnis. Erst durch das Zusammenwirken und Verknüpfen unter dem Begriff „Controlling" bildet die Symbiose für die Koordination, Steuerung und Zielsetzung von Unternehmen.[10] Dabei muss zunächst erst einmal unterschieden werden, ob es sich um langfristige Ziele (strategisches Controlling) oder kurzfristige Ziele (operatives Controlling) handelt. Das strategische Controlling beinhaltet Eigenkapitalrentabilitätssteigerungen, Einlagensicherheit oder Struktureffizienz der Geschäftsbereiche und umfasst den zukunftsorientierten Zeitraum. Hier geht es vorrangig um die Sicherung der Unternehmensexistenz. Analog dazu beinhaltet das operative Controlling z.B.: Gewinnerhöhungen, Budgetierung- und Kontrolle oder Kostensenkungsmaßnahmen. Die Kombination von strategischem und operativem Controlling bildet die Grundlage für die Unternehmensstrategie, die dann nachhaltig durch die bereits oben erwähnten

---

[8] Vgl. *Schindlbeck* (2012), S. 6.
[9] Vgl. *Steinhübel* et al. (2013), S. 19.
[10] Vgl. *Ebert* et al. (2012), S. 45.

drei Grundelemente (Planung, Kontrolle und Information) verfolgt werden können.[11] Das Erreichen der Unternehmensziele lässt sich nur durch bestimmte Handlungen herbeiführen, die wiederum auf Entscheidungen einer gut überlegten und durchdachten Planung beruhen.[12] Planung wird dabei per gekürzter Definition der *International Group of Controlling (IGC)* als „die gedankliche Vorwegnahme möglicher zukünftiger Zustände, die Auswahl der anzustrebenden Zustände (Ziele) und die Festlegung der dazu umzusetzenden Maßnahmen. [...], wobei Entscheidungen unter Berücksichtigung zukünftiger Wirkungen zu treffen sind." definiert.[13] Grundsätzlich basiert Planung auf strategischem, strukturiertem Vorgehen, indem alternative Handlungen sowie existierende Rahmenbedingungen und deren Auswirkungen auf die Unternehmensziele analysiert werden.[14] Um eine strukturierte Entscheidungs-vorbereitung zu gewährleisten und einen konkreten Umsetzungsplan zu gestalten, der den Unternehmenszielen angepasst wird, ist es fundamental Wirkungszusammenhänge möglichst transparent darzulegen und eine Vielschichtigkeit (Komplexität) zu mindern. Das geschieht schrittweise in sechs aufeinander folgenden Planungsphasen:[15]

Planungsphase	Beschreibung
Meta-Planung	Planung selbst wird geplant, d. h. Planinhalte, -träger, -prozesse und -instrumente werden festgelegt
Zielplanung	Unternehmensziele werden bestimmt und zeitliche Bezug definiert
Planungsprämissen	Externe und interne Rahmenbedingungen werden erörtert
Alternativenplanung	Realisierbarkeit von Alternativen werden geprüft
Alternativenbewertung	Auswirkungen der Alternative werden untersucht und Rangfolge aufgestellt
Auswahl der Alternative	Tatsächliche Auswahl der Alternative

Tabelle 1: Planungsphasen
(Quelle: Eigene Darstellung in Anlehnung an Vanini et al. (2019), S. 97-98)

---

[11] Vgl. *Grundmann/Rathner* (2019), S. 247, *Schindlbeck* (2012), S. 9–10.
[12] Vgl. *Steinhübel* et al. (2013), S. 22.
[13] *International Group of Controlling* (o. J.).
[14] Vgl. *Vanini* et al. (2019), S. 96.
[15] Vgl. *Kortendieck/Stepanek* (2019), S. 46.

Der Teilbereich der Planung hat also die Aufgabe der Ausrichtung auf die beabsichtigten Ziele, Informierung sowie Motivierung der Mitarbeiter und Führungskräfte, Risikoerkennung und Flexibilitätserhöhung sowie Aufstellung von Entscheidungsgrundlagen.[16]

In enger Verbundenheit steht damit die Kontrolle zur Planung. Kontrolle ist dabei die „Durchführung eines Vergleichs zwischen geplanten und realisierten Größen sowie Analyse der Abweichungsursachen; […]. Kontrolle ist eine Form der Überwachung, durchgeführt von direkt oder indirekt in den Realisationsprozess einbezogenen Personen oder Organisationseinheiten."[17] Eine Kontrolle kann erst dann erfolgen, wenn eine Planung gegeben ist. Dies geschieht mittels einer Vergleichsrechnung (Soll-Ist-Abweichungsanalyse).

Eine bestimmte Prüfgröße (Ist-Wert) wird mit einer Maßstabs- oder Normgröße (Soll-, Ist- oder Wird-Wert) ins Verhältnis gesetzt. Dabei handelt es sich dann um den sog. Soll-Ist-Vergleich.[18] Neben dem Soll-Ist-Vergleich gibt es auch noch die Abweichungsanalyse. In Absprache zwischen dem Controller und der Führungskraft werden die Ursachen der Abweichungen ermittelt (Dokumentationsfunktion). Dadurch können folglich Handlungsvorschläge abgeleitet werden. Nur im Falle einer Abweichung, wenn die Ressourcen nicht genügen muss die Planung angepasst werden, ansonsten bleiben die Zielvorgaben und Handlungsrahmen unverändert.[19] Die Kontrolle kann aber auch einen überwachenden Charakter annehmen, indem sie regelnd während einer Maßnahmendurchführung wirkt, wobei sich daraus auch ein Lerneffekt ergibt (Erkenntnis- und Lernfunktion).[20] Außerdem bieten Kontrollen eine Entscheidungsunterstützungsfunktion, indem Informationen für Entscheidungen gesammelt werden können sowie eine Verhaltensbeeinflussungsfunktion, da Kontrollen eine Motivation auf die Mitarbeiter zur Zielerreichung ausübt.[21] Wobei die wesentliche aller Funktionen in der Sicherungsfunktion liegt. Sie dient dem Erhalt vorhandener Betriebsstrukturen sowie Sicherung und Vermehrung von

---

[16] Vgl. *Kortendieck/Stepanek* (2019), S. 45–47.
[17] *Gabler Wirtschaftslexikon* (o. J.).
[18] Vgl. *Vanini* et al. (2019), S. 104; *Schindlbeck* (2012), S. 1–2.
[19] Vgl. *Vanini* et al. (2019), S. 104–105.
[20] Vgl. *Schindlbeck* (2012), S. 2.
[21] Vgl. *Vanini* et al. (2019), S. 105.

Betriebsvermögen insgesamt. Durch die Unterfunktionen (Aufklärungs- und Steuerungsfunktion) können Missstände erkannt und steuernder Einfluss auf betriebliche Prozesse zur Regulierung vorgenommen werden.[22]

Der letzte der Teilbereiche ist die Information, die als „aus Daten gewonnenes, zweckorientiertes Wissen" bezeichnet wird.[23] Sie bildet das Zentrum von unternehmerischem Handeln und trägt in dessen Vorbereitung eine gewisse Zweckbestimmung. Es werden drei verschiedene Informationssituationen voneinander unterschieden:

1. Sicherheit
2. Risiko
3. Unsicherheit[24]

Sicherheit durch eine Information liegt nur dann vor, wenn immer nur eine gewisse Situation eintreten kann z.B. hinsichtlich des Unternehmenserfolgs. Wenn ein Unternehmen seine Aktivität aufgibt, so ist in jedem Fall das Ergebnis des Folgejahres Null. Die Gegenseite bildet die Unsicherheit (Desinformation), bei der keine Angabe zur Eintrittswahrscheinlichkeit geäußert werden kann z.B. bei Umsatzprognosen die weit in der Zukunft liegen und mögliche externe Einflüsse außer Acht lassen. Die risikobehaftete Information (Risiko) stellt eine unvollkommene Information dar, da der Raum für eine Eintrittswahrscheinlichkeit sehr weit gefasst ist und somit stark schwanken kann. Da die meisten Informationen eher unvollkommener Natur sind, wird der Großteil von betrieblichen Entscheidungen also auch mit einem gewissen Risiko getroffen.[25] Die Versorgung mit wichtigen bzw. benötigten Informationen dient der Unternehmensführung, um passgenaue Maßnahmen treffen zu können.

Planung, Kontrolle und Informationen bilden gemeinsam den Controlling-Kreislauf und sind Mittelpunkt eines unternehmerischen Führungssystems sowie Bestandteil der Controllingfunktion. Somit kann Controlling selbst als eine Art Teilsystem des bestehenden Führungssystems angesehen werden.[26]

---

[22] Vgl. *Steinhübel* et al. (2013), S. 27–28.
[23] *Vanini* et al. (2019), S. 227.
[24] Vgl. *Steinhübel* et al. (2013), S. 32.
[25] Vgl. *Steinhübel* et al. (2013), S. 32–33.
[26] Vgl. *Schindlbeck* (2012), S. 2.

3. Teilaufgabe 3

Im Bereich des Controllings bilden diverse Prozesse unterschiedlicher Ebenen die Basis zur Erreichung der Unternehmensziele. Mithilfe von Kennzahlen, die es ermöglichen Informationen verdichtet darzustellen, können Unternehmensvorgänge erfasst und gemessen werden. Dabei sind Kennzahlen als Messgrößen anzusehen. Sie tragen wesentlich zur Entscheidungsvorbereitung und ergebnisorientierten Steuerung des Unternehmens bei. Darüber hinaus geben sie einen Ausblick auf die momentane und kommende Unternehmenssituation und ermöglicht einen Vergleich des eigenen Unternehmens zur Konkurrenz. Im Falle ungünstiger Entwicklungstrends können Gegenmaßnahmen getroffen werden und wirken unterstützend im Finanzcontrolling. [27] Um ausschlaggebende Indikatoren zu bestimmen werden insbesondere Verhältniszahlen (Kennzahlen im engeren Sinn) nach verschiedenen Kriterien unterschieden:

1. Beziehungszahlen: Zusammenhang zwischen zwei unterschiedlichen Bereichen (Gesamtkapitalrendite)
2. Gliederungszahlen: Umfang einer Einheit zur Gesamtmenge (Eigenkapitalquote)
3. Indexzahlen: zeitliche Entwicklung; Größe wird relativ zu einer Basis verglichen[28]

Um folglich die betreffenden Kennzahlen anschaulich darzustellen werden sie in Kennzahlsystemen so angeordnet, dass sie in Zusammenhang stehen und aufschlussreich über eine Sachlage informieren.[29] Die Kennzahlsysteme (KZS) können bildlich oder in tabellarischer Form visualisiert werden und haben insgesamt zur Aufgabe informationsverdichtend innerbetriebliche Vorgänge abzubilden und Entscheidungsgrundlagen für unternehmerische Entscheidungen zu schaffen. Durch sie kann ein Gesamtbild des wirtschaftlichen Ist-Standes gewonnen werden, unter Berücksichtigung oberster Unternehmensziele als Erfolgsmaßstab, sodass nicht nur ausschließlich ein Teilbereich betrachtet wird, sondern das große Ganze.[30]

[27] Vgl. *Stephan* (2006), S. 15; *Uskova/Schuster* (2020), S. 129.
[28] Vgl. *Steinhübel* et al. (2013), S. 52.
[29] Vgl. *Ossola-Haring* et al. (2019), S. 102.
[30] Vgl. *Steinhübel* et al. (2013), S. 55; *Schön* (2018), S. 402; *Uskova/Schuster* (2020), S. 139.

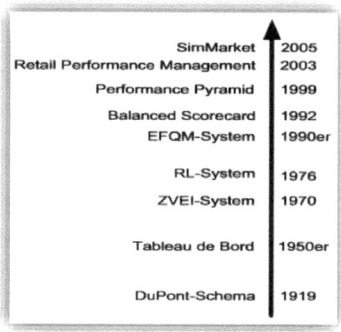

Abbildung 2: Zeitliche Einordnung ausgewählter Kennzahlensystemansätze
(Quelle: Becker/Winkelmann (2019), S. 76)

Unter den KZS wird das Du-Pont-Schema, auch ROI-Baum oder -Konzept genannt, bereits seit 1919 angewandt und ist damit das älteste und wohl bekannteste KZS. Es wurde vom amerikanischen Chemiebetrieb E.I. DuPont de Nemours & Co. entworfen und stetig weiterentwickelt.[31] Die Grundlage des Systems bildet dabei die Gesamtkapitalrendite (kurz: ROI; engl.: Return on Investment), also der erwirtschaftete Betrag des investierten Kapitals eines Unternehmens. Er wird aus der Umsatzrentabilität und dem Kapitalumschlag ermittelt. Dabei sollen stufenweise die hauptsächlichen Einflussgrößen auf das ROI analysiert werden um Abweichungen koordiniert fest zu stellen (Beziehungszahlen). Das Du-Pont-Schema ist ein Rechensystem, dass hierarchisch, ausgehend von der Gesamtkapitalrentabilität aufgebaut ist und besteht ausschließlich aus monetären Unternehmenskennzahlen.[32] Dadurch lässt sich auch die Bezeichnung als ROI-Baum erklären, indem das ROI als Baumkrone angesehen wird und die Darstellung als Baum bis hin zu den Wurzeln eine stufenweise Identifizierung von Stellschrauben genauestens ermöglicht.[33] Das grundlegende Ziel des Systems ist die Kontrolle des Finanzbereichs und dient als ergänzendes Hilfsmittel des Berichtswesens. Es umschließt aber ebenso periodenbezogene Planungen von Umsatzerträgen und umsatz-bezogenen Aufwendungen und Inanspruchnahme von Working-Capital etc., was

---

[31] Vgl. *Becker/Winkelmann* (2019), S. 77.
[32] Vgl. *Steinhübel* et al. (2013), S. 55; *Heesen/Gruber* (2018), S. 204–205.
[33] Vgl. *Ossola-Haring* et al. (2019), S. 105.

jedoch Prognosen ausschließt. Vorteile sind hier die Eignung für dezentrale Unternehmen durch Entscheidungsfreiraum, direkte Fokussierung auf das Rentabilitätsziel und Ableitung des ROI. Nachteile hingegen zeigen sich in der Tendenz zur temporären Gewinnmaximierung, dem schwierigen Umgang mit Innovationsinvestitionen und der Orientierung hinsichtlich nur eines Ziels.[34]

Neben dem DuPont-Schema gibt es das ZVEI-Kennzahlensystem, das anlehnend an das bestehende DuPont-Schema im Jahr 1969 durch den Zentralverband der Elektrotechnischen Industrie e.V. (kurz: ZVEI) veröffentlicht und 1989 nochmals überarbeitet wurde. Im Aufbau dieses Systems ist zwischen zwei Bereichen zu unterscheiden: Wachstumsanalyse und Strukturanalyse.

Bei der Wachstumsanalyse werden absolute Größen (z.B. Geschäftsvolumen, Mitarbeiterdaten etc.) und bei der Strukturanalyse relative Kennzahlen betrachtet, wobei die Eigenkapitalrentabilität die Spitzenkennzahl darstellt.[35] Damit ist das ZVEI-System als Rechen- und Ordnungssystem zu sehen und stellt eine Methode dar, die ausschlaggebend für die Kontrolle und Planung innerhalb des Unternehmens einzelne Informationen analysiert und aufbereitet. Der Vorteil gegenüber dem DuPont-Schema liegt in der weiterreichenden Differenzierung der Kennzahlen, die die Trennung von Struktur- und Wachstumsgrößen bietet und damit die Steuerung vereinfacht. Allerdings ist dies wiederum auch als Nachteil zu verstehen, da die Vielzahl von 200 existierenden Kennzahlen eine gewisse Problematik mit sich bringt. Um ein aussagekräftiges System zu erhalten, müssen die Kennzahlen stetig gepflegt und aktualisiert werden. [36]

Das RL-System (Rentabilitäts-Liquiditäts-System) wurde 1976 von Thomas Reichmann und Laurenz Lachnit entwickelt. Anders als das DuPont-Schema und ZVEI besteht das RL-System aus zwei getrennten Spitzenkennzahlen, dem Erfolg und der Liquidität.[37] Es handelt sich dabei um ein reines Ordnungssystem. Der Erfolgsteil wird unterteilt in einen allgemeinen Teil und Sonderteil und der Liquiditätsteil setzt sich aus dem Cash Flow und Working Capital zusammen. Ziel ist es hier eine Hilfe im Bereich Planung, Steuerung und Kontrolle zu

---

[34] Vgl. *Steinhübel* et al. (2013), S. 59; *Becker/Winkelmann* (2019), S. 77.
[35] Vgl. *Ossola-Haring* et al. (2019), S. 106–107.
[36] Vgl. *Steinhübel* et al. (2013), S. 59; *Becker/Winkelmann* (2019), S. 78; *Ossola-Haring* et al. (2019), S. 107.
[37] Vgl. *Ossola-Haring* et al. (2019), S. 107.

gewährleisten.[38] Durch den Sonderteil gibt es die Vorteile von individueller Flexibilität und Anpassung und begünstigt die duale Kennzahlenhierachie. Aufgrund der zusätzlichen Betrachtung des Liquiditätsniveaus bietet das RL-System in dieser Hinsicht einen zusätzlichen Vorteil gegenüber anderen Systemen, da es nicht nur ausschließlich erfolgsorientiert ist. Allerdings kann die Verwendung absoluter Kennzahlen auch als Nachteil verstanden werden, da sie meist logisch und nicht mathematisch kombiniert werden.[39]

4. Teilaufgabe 4

Im Zuge der wirtschaftlichen Entwicklung und dem damit steigenden Wohlstand einzelner Bevölkerungsgruppen wuchs der Anspruch an eine genormte und einheitliche Qualitätsbestimmung und steht im Fokus diverser Wirtschafts-akteure. Das beinhaltet sowohl Qualität der Produkte selbst als auch Optimierung interner sowie externer Prozesse die in direktem Zusammenhang zur Unternehmung, und den gebotenen Dienstleistungen und Gütern stehen. Eine effiziente Optimierung bedingt im Umkehrschluss auch eine unternehmerische Wirtschaftlichkeit und dem ökonomischen Umgang mit Ressourcen. Aus dieser Entwicklung entstand in den 1950er-Jahren durch William Edwards Deming der sogenannte PDCA-Zyklus oder auch Deming-Rad/-Kreis, der eine systematische Planung und Durchführung von Optimierungsprozessen beinhaltet und einen revolvierenden Charakter besitzt. Dafür stehen die Buchstaben jeweils für die einzelnen vier Phasen des Zyklus.[40]

P – Plan (Planung): *Konzeptphase*
In der ersten Phase kommt es zur Problemanalyse des Ist-Zustandes bzw. der Ausgangslage und der beabsichtigten Ideen- und Lösungsfestlegung, um mittels Maßnahmen das neu gesetzte Ziel zu erreichen. Sie bildet das Grundgerüst der darauffolgenden Soll-Ziele, Planungen, Aktionen und der weiteren Umsetzung.[41]
Beispiel: Zur Verbesserung des Zeit- und Selbstmanagements im Studium wird

---

[38] Vgl. *Steinhübel* et al. (2013), S. 59; *Becker/Winkelmann* (2019), S. 77–78; *Ossola-Haring* et al. (2019), S. 109.
[39] Vgl. *Steinhübel* et al. (2013), S. 59; *Ossola-Haring* et al. (2019), S. 109
[40] Vgl. *Kischporski* (2015), S. 55.
[41] Vgl. *Kischporski* (2015), S. 57; *Bareiß* et al. (2016), S. 39; *Mai* (2020), S. 67.

zunächst der Ist-Zustand analysiert und notiert, wie viel Zeit man für einzelne Aufgaben benötigt und welches Ziel mit einer Optimierung beabsichtigt ist.

D – Do (Ausführung): *Implementierungsphase*

Danach folgt die Implementierung der Planung in Form von Maßnahmen und Aktionen, die zur beabsichtigten Verbesserung notwendig sind, um einen Veränderungsprozess anzustoßen sowie die Dokumentation von Problemen.[42] *Beispiel:* Die Aufstellung eines Zeitplans kann helfen eine Struktur für anstehende Aufgaben zu entwickeln. Sie bieten die Möglichkeit den Überblick zu behalten, um ungenutzte Zeiten zu identifizieren und Prioritäten zu setzen.

C – Check (Überprüfen): *Evaluationsphase*

In diesem Schritt kommt es zu einem Soll-Ist-Vergleich. Dabei werden Ergebnisse und Beobachtungen überprüft, um die Wirkung der Veränderungen anhand von Resultaten zu messen und zusammenzutragen. Dies geschieht anhand von Mess- oder Qualitätskriterien (Kennzahlen).[43] *Beispiel:* Durch Integrierung und Umsetzung der Maßnahmen und dem Einhalten des Zeitplans im Alltag kann nach kurzer Zeit eine erste Bilanz gezogen werden, um den Erfolg zu messen, bspw. anhand erhaltener Noten.

A – Act (Anpassen): *Aktualisierungsphase*

Eine erneute Anpassung und Korrektur der Prozesse ist notwendig, wenn das gewünschte Ziel nicht erreicht wurde (Problemanalyse). Dabei ist die Phase P die Fortsetzung der Phase A, da der Kreislauf revolvierend von vorne beginnt.[44] *Beispiel:* Der Zeitplan wurde erfolgreich aufgestellt, wenn die gesetzten Ziele erreicht wurden. Ansonsten ist eine neue Überarbeitung zur Zielverfolgung nötig.

5. Teilaufgabe 5

Sowohl TQM (Total Quality Management) als auch DIN EN ISO 9000 sind als Systeme oder Konzepte im Rahmen von Qualitätssicherung einzuordnen. Jedoch weisen Sie einige Unterscheidungen auf, die hier anhand eines tabellarischen Vergleichs dargestellt werden sollen:

---

[42] Vgl. *Kischporski* (2015), S. 57; *Mai* (2020), S. 67.
[43] Vgl. *Speth* et al. (2014), S. 202; *Bareiß* et al. (2016), S. 39; *Mai* (2020), S. 67–68.
[44] Vgl. *Kischporski* (2015), S. 58–59.

Kriterien	DIN EN ISO 9000	TQM
Grundgedanke	System, dass auf eine Normierung und Verbesserung von Prozessen innerhalb eines Unternehmens abzielt (als Vorstufe des TQM zu verstehen)[45]	Komplexes Management-konzept, dass auf Verbesserung von Produkt- und DL-Qualität in allen Unternehmensbereichen abzielt[46]
Ausrichtung	Erwartung beteiligter Gruppen des gegenwärtigen Produktionsvorgangs z.B. Geschäftspartner, Kunden, Lieferanten, Mitarbeiter	Einbeziehung der zukünftigen Erwartungen der Interessengruppen (z.B. Gesellschafter, Mitarbeiter, Kunden etc.)[47]
Ablauf	Dokumentation der technischen Arbeitsabläufe der operativen Ebene, dabei bleiben Führungsprozesse unberücksichtigt	Top-Management betrachtet intensiv die Arbeitsabläufe und gibt Maßnahmen vor, die von obersten zur untersten Ebene wirken.[48]
Charakter	Fester (statischer)	Beweglich (dynamisch)
Kontrolle/Messung	Messung der Kundenzufriedenheit im Fokus. Zentrales Messmittel sind interne Audits, um Wirksamkeit des QM-Systems zu bestimmen.[49]	Eigene kritische Bewertung und Vergleich des Unternehmens durch Management der Ziele und erreichten Ergebnisse.
Ziel	Durch Erfüllung der Norm kann ein Zertifikat erhalten werden. Es geht primär um das Erreichen der Anforderungen, statt kontinuierliche Verbesserung.	Durch den laufenden Verbesserungsprozess und damit stetig erweiterte Ziele liegt der Fokus auf Business Excellence, also zu den Besten zu gehören.[50]
Umfang/Zeitraum	Zu einem gewissen Zeitpunkt (Momentaufnahme)	umfasst mehrere Jahre (kontinuierlicher Prozess)[51]
Verantwortung	Nachweispflicht der Geschäftsführung, dass QM durch sie geführt und gesteuert (QM-Ziele) wird, wobei Qualitätsbeauftragter selbst die Bemühungen und deren Umsetzung trägt.[52]	Nimmt zunächst die obersten Führungskräfte in die Pflicht, wobei die Mitarbeiter das System tragen und deren Mitwirkung sich auf die Qualität ausübt.[53]

Tabelle 2: Vergleich von DIN EN ISO 9000 und TQM
(Quelle: Eigene Darstellung)

---

[45] Vgl. *Bareiß* et al. (2016), S. 54.
[46] Vgl. *Rothlauf* (2010), S. 66, *Koch* (2015), S. 214.
[47] Vgl. *Koch* (2015), S. 215.
[48] Vgl. *Koch* (2015), S. 215; *Bareiß* et al. (2016), S. 60.
[49] Vgl. *Bareiß* et al. (2016), S. 53.
[50] Vgl. *Koch* (2015), S. 215; *Bareiß* et al. (2016), S. 60.
[51] Vgl. *Koch* (2015), S. 215; *Bareiß* et al. (2016), S. 61.
[52] Vgl. *Bareiß* et al. (2016), S. 52.
[53] Vgl. *Koch* (2015), S. 216–219.

Literaturverzeichnis

Anthony, R. N. (1965), Planning and control systems. A framework for analysis, Boston.

Bareiß, A./Merk, J./Rahmel, A./Wassmann, H./Knuppertz, T./Schnägelberger, S./Wild, D. (Hrsg.) (2016), Qualitätsmanagement. Studienbrief der SRH Fernhochschule, 4. Aufl., Riedlingen.

Becker, J./Winkelmann, A. (Hrsg.) (2019), Handelscontrolling. Optimale Informationsversorgung mit Kennzahlen, 4. Aufl., Berlin, Heidelberg.

Ebert, G./Monien, F./Steinhübel, V. (2012), Controlling in der Wohnungswirtschaft, 2. Aufl., Freiburg.

Gabler Wirtschaftslexikon (o. J.), Definition Kontrolle, in: https://wirtschaftslexikon.gabler.de/definition/kontrolle-41119, abgerufen am 29. 6. 2020.

Grundmann, W./Rathner, R. (Hrsg.) (2019), Bankwirtschaft, Rechnungswesen und Steuerung, Wirtschafts- und Sozialkunde. Prüfungswissen in Übersichten, 7. Aufl., Wiesbaden.

Heesen, B./Gruber, W. (2018), Bilanzanalyse und Kennzahlen. Fallorientierte Bilanzoptimierung, 6. Aufl., Wiesbaden.

International Group of Controlling (o. J.), Planung. IGC-Definition (gekürzt), in: https://www.controlling-wiki.com/de/index.php/Planung, abgerufen am 29. 6. 2020.

Kischporski, M. (2015), Elektronischer Rechnungsdatenaustausch mit E-Invoicing. Wertbeitrag durch echte Digitalisierung in der Supply Chain Finance mittels Dynamic Discounting im Zusammenspiel zwischen Einkauf und Finanzwesen, Wiesbaden.

Koch, S. (2015), Einführung in das Management von Geschäftsprozessen. Six Sigma, Kaizen und TQM, 2. Aufl., Berlin.

Kortendieck, G./Stepanek, P. (Hrsg.) (2019), Controlling in der deutschsprachigen Sozialwirtschaft. Eine Einführung, Wiesbaden.

Mai, F. (2020), Qualitätsmanagement in der Bildungsbranche. Ein Leitfaden für Bildungseinrichtungen und Lerndienstleister, Wiesbaden.

Ossola-Haring, C./Schlageter, A./Schöning, S. (2019), 11 Irrtümer über Kennzahlen. Mit den richtigen Erkenntnissen führen, 2. Aufl., Wiesbaden.

Preißler, P. R. (2020), Controlling, 15. Aufl., München.

Rothlauf, J. (2010), Total Quality Management in Theorie und Praxis. Zum ganzheitlichen Unternehmensverständnis, 3. Aufl., Oldenburg.

Schindlbeck, K. (2012), Grundlagen des Controllings mit Anwendungen. Kapitel 1: Grundlagen des Controllings, Bamberg.

Schön, D. (2018), Planung und Reporting im BI-gestützten Controlling. Grundlagen, Business Intelligence, Mobile BI und Big-Data-Analytics, 3. Aufl., Wiesbaden.

Schultz, V. (2015), Controlling. Das Basiswissen für die Praxis, 2. Aufl., München.

Speth, H./Hug, H./Sailer, E./Hartmann, G. B./Härter, F./Kerber, B. (2014), Betriebswirtschaftliche Geschäftsprozesse - Industrie, 11. Aufl., Rinteln.

Steinhübel, V./Berger, T./Schäfer, B. (2013), Controlling. Studienbrief der SRH Fernhochschule, 4. Aufl., Riedlingen.

Stephan, J. (2006), Finanzielle Kennzahlen für Industrie- und Handelsunternehmen, s.l.

Uskova, M./Schuster, T. (2020), Finanzplanung, Investitionscontrolling und Finanzcontrolling. Lehr- und Übungsbuch für das Master-Studium, Wiesbaden.

Vanini, U./Krolak, T./Langguth, H. (2019), Controlling. Grundlage einer entscheidungsorientierten Unternehmensführung, 2. Aufl., Stuttgart.

Weber, J./Schäffer, U. (Hrsg.) (2001), Rationalitätssicherung der Führung. Beiträge zu einer Theorie des Controlling, Wiesbaden.